AF509408

OBSERVATIONS

SUR l'Inſtance du Procès de M. de SE'GUIRAN, Premier Avocat Général du Parlement d'Aix, ren-voyée au Parlement de Toulouſe par Arrét du CONSEIL *du 9. Mars 1744.*

I mes Collégues n'avoient été en même tems mes Accuſateurs; & ſi mes Juges ne s'étoient prêtez en quelque ſorte à la paſſion de mes Collégues, quelle ſatisfaction n'eût pas été la mienne de n'avoir qu'à me défendre ſur une accuſation, qui ne réſiſte pas moins à la droite raiſon, qu'à la juſtice?

Mais les preuves de mon innocence s'offroient en vain de toutes parts, la calomnie ſe fortifioit chaque jour du crédit des Gens du Roy du Parlement d'Aix; la paſſion des uns devenoit contagieuſe pour les autres; & la prévention s'emparoit de preſque tous les eſprits.

A

Quel parti prendre en de telles circonſtances? Devois-je me contenter d'expoſer foiblement mes principales raiſons, mes principaux griefs? Devois-je épargner aux Gens du Roy des réfléxions, qui ſuivent ſi naturellement du plus ſimple récit des faits? Et, de peur d'irriter des ennemis déclarez, devois-je enfin trahir ma propre cauſe?

Quant aux Juges, j'avouerai qu'inviolablement attaché au reſpect qu'exige leur place, je n'ai jamais cru que ce même reſpect dût paſſer à leurs perſonnes, lorſqu'ils abuſent de l'autorité qui leur eſt confiée. Le Parlement d'Aix n'a donc pû m'accabler ſous le poids de la plus INJUSTE condamnation, ſans m'autoriſer, que dis-je, ſans me forcer à m'élever contre une Compagnie, dans laquelle je me tiens toujours très-honoré d'avoir exercé durant quinze années les fonctions du Miniſtere public.

Il eſt vrai cependant que malgré tous mes efforts la juſtice de ma cauſe ne pouvoit acquérir ce dernier dégré d'évidence, qu'il étoit réſervé au CONSEIL d'y ajouter. Mais quelle reſſource pour mes Adverſaires d'être maintenant réduits à dire que, quoique l'Arrêt du Parlement d'Aix * ait été CASSE' ET ANNULLE', *je n'en ſuis pas au fond moins coupable pour cela !* Si c'eſt ainſi qu'ils eſpérent pour quelques momens échaper à leur défaite, il ſera aiſé de les ſuivre juſques dans ce dernier retranchement, & de faire voir que le CONSEIL par ſon Arrêt du 9. Mars (1744.) a préjugé ma juſtification la plus autentique.

Je me propoſe de rappeller d'abord les faits eſſentiels de mon procés, pour en tirer les inductions, qui ſervent à ma défenſe; & de réfuter enſuite le ſyſtême de mes Accuſateurs, pour en démontrer toute l'abſurdité.

* Du 18. Mars 1740.

F A I T.

Le Sieur d'Antoine eut deux filles de différens lits ; l'aînée fut mariée à Alexandre Lesbros , & j'épousai la cadette ; celle-ci fut héritiere instituée de son pere , à la succession duquel Lesbros se trouva débiteur dun Billet de 4500 liv. la date du Billet est altérée , & paroît avoir été portée de 1711 en 1713. c'est ce changement qui donna lieu dans la suite à l'accusation intentée contre moi.

Ma femme (*libre dans ses biens*) fit assigner Lesbros à la Chambre des Requêtes du Palais d'Aix * en payement du Billet ; elle lui laissa dès le commencement du Procès le choix de telle date qu'il lui plairoit, de 1711 ou de 1713. ce qui n'empêcha point qu'après avoir défendu au fond pendant plusieurs mois, Lesbros ne fût enfin reçu à s'inscrire en faux contre la date du Billet.

M. de Gueidan portant la parole conclut deux fois dans cette affaire ; & ce qui est à peine concevable, de *partie jointe* qu'il étoit contre ma femme *aux Requêtes du Palais* , on le verra dix-huit mois après se rendre *partie principale* contre moi , & pour le même fait, *aux Chambres Assemblées*. Le voilà déjà, qui, pour ainsi dire, s'unit d'interêt avec Lesbros, & qui espere trouver dans cet honnête homme des ressources pour m'opprimer. * * MM. d'Argens &

---

* Le 7. May 1738.

** V. les pages 12. & 45. du Vû de l'Arrêt du Parlement d'Aix , rendu contre moi le 18. Mars 1740. où il est exprimé que M. de Gueidan avoit entre ses mains les copies de deux lettres que Lesbros m'avoit écrites ; en sorte qu'il avoit jugé à propos de soustraire *ces copies* du sac de ma femme, une année avant que de les faire joindre à mon procès ; or , je demande pourquoi M. de Gueidan auroit songé de si loin à se munir de ces deux piéces cottées Y V. Z Z. s'il n'avoit dès-lors prémédité ma perte.

Lesbros remit depuis à M. de Gueidan toutes les lettres que je lui avois écrites au sujet du Billet de 4500 liv. & y joignit les copies de ce Billet, que par méprise je lui avois envoyées sous la date de 1711.

A ij

Monclar informez des vuës de leur Collégue , se hâtent de conspirer ensemble contre moi. Nul ménagement aussi-tôt de leur part, je suis annoncé dans le Public comme auteur d'une altération de date, & dès-là comme faussaire. Les imputations malignes trouvent d'ordinaire un accès facile dans les esprits ; ensorte que mes amis & mes proches mêmes furent alarmez des bruits fâcheux, qui se répandoient sur mon sujet ; & que de tous côtés on me conseilla de me démettre de ma Charge , comme le seul moyen de conjurer cette tempête.

Je suis persuadé cependant que pour me réduire à ce parti honteux, mes Collégues ne songeoient d'abord qu'à m'intimider ; ils étoient en effet trop passionnez, pour envisager combien il leur en coûteroit un jour de fausses démarches & d'injustices criantes, supposé que je m'obstinasse à les défier , comme je faisois, de me charger d'un crime que je n'avois pas commis ; mais lorsque desespérant de réussir par la voye des insinuations ou des menaces, ils se virent obligez de procéder extraordinairement contre moi , * la fermeté que je montrai dans le fort de l'orage, la hauteur de mes réponses, la vivacité de mes défenses, tout ne disoit-il pas que j'étois injustement attaqué dans mon honneur ?

Cependant quel étoit le principe de cette aversion si marquée de la part de trois de mes Collégues ? Peu de gens ignorent les raisons particulieres, qui animoient contre moi la haine de MM. de Gueidan & d'Argens ; mais pourquoi M. de Monclar, à peine entré dans le Parquet, se déclare-t-il

* Le 3. Octobre 1739.

auſſi mon Accuſateur ? Cela doit ſurprendre ſans doute ; & ſur-tout, qu'il n'ait pas plûtôt déféré à l'avis & à l'exemple de feu M. de Gauffridi (*Premier Avocat Général,*)* qui fut vainement ſollicité par ſes Collégues de ſe joindre à eux dans cette occaſion. Déplorons ici un malheur attaché à l'humanité, puiſque ni les lumieres, ni la probité même, ne ſuppoſent pas toujours qu'on ſoit exempt de prévention.

Que ſous le prétexte ſpécieux du bien public, les Gens du Roi du Parlement d'Aix, n'ayent conſulté que l'envie de me nuire ; que les Commiſſaires, chargez de l'inſtruction de la procédure, ſe ſoient comportez avec une partialité indécente ; que les Juges, qui m'ont condamné, ſe ſoient déterminez ſans examen, & ſur la foi ſeule de mes Accuſateurs ; qu'enfin, l'Arrêt du Parlement d'Aix, ſoit monſtrueux dans tous ſes chefs, ce ſont des faits ſi conſtans, ſi avérez, qu'il ſeroit hors de propos de les combattre par le défaut de vraiſemblance, depuis que le C O N S E I L a caſſé & annullé cet Arrêt, qui ſera un monument éternel, & de la haine injuſte de ceux, qui en ont été les pomoteurs ; & des égaremens, dans leſquels peuvent tomber des Juges, qui ſe communiquent leur chaleur, & dont les opinions s'appuyent ſur des fondemens ruineux.

Le mépris des Régles, les contraventions à l'Ordonnance furent toujours en matiere criminelle l'indice le plus ſûr de l'iniquité d'un jugement. » Les formes, *dit un illuſtre Ecri-* » *vain du dernier ſiécle,* ** ne reconnoiſſent point les Juges

* Je ne rappelle point ici ce qu'a été M. de Gauffridi, puiſqu'il ſuffit de l'avoir nommé ; mais quelque rare qu'ait été ſon mérite, c'étoit ſans doute pour Meſſieurs de Gueidan, d'Argens, & Monclar, un mérite ſuranné.

** V. la ſuite des conſidérations ſommaires de M. Pelliſſon ſur le procès de M. Fouquet. *Tome* 3. *pag.* 37. *Paris* 1735.

» pour maîtres , mais font leurs maîtreſſes abſoluës ; elles ne
» font pas formes , mais eſſence de la Juſtice ; & diſtin-
» guent ſeules l'autorité de l'attentat , & la punition d'avec
» l'homicide. » En effet , pourquoi s'écarter des Loix &
de l'ordre accoûtumé , s'il n'étoit queſtion que de convaincre un coupable ; & ſi, au contraire , on ne cherchoit à per-
dre un innocent à quelque prix que ce fût ? *

Dans le Procès qui m'a été fait , toutes les Loix, toutes
les Régles, ont été renverſées. Les différens moyens de nullité articulez , ſoit dans ma Requête , ſoit dans la Conſultation de pluſieurs célébres Avocats du Parlement de Paris ,
étoient déjà plus que ſuffiſans pour opérer la caſſation de
l'Arrêt du Parlement d'Aix , lorſque le CONSEIL , qui
n'eſt jamais cenſé agir en vain , ordonna l'apport de la procédure ; ** d'où il réſulte que ce Tribunal ſuprême a prétendu s'éclaircir de l'*injuſtice manifeſte* , que j'avois citée comme
l'un de mes plus ſûrs moyens. *** Il s'agiſſoit d'ailleurs de
la réputation d'un Corps entier vis-à-vis d'un ſeul de ſes Membres ; & les ménagemens , qui ſont dûs à une Compagnie
ſupérieure , exigeoient ſans doute que la caſſation de l'Arrêt
fût principalement décidée par le mérite du fond.

Il eſt donc certain que le CONSEIL ne s'eſt crû obligé
de m'accorder ſa protection , que parce qu'il a été frappé
de mon innocence ; & que de confirmer l'Arrêt du Parlement d'Aix , c'eût été participer à la plus cruelle injuſtice ,
dont on ait jamais oui parler.

* Il eſt évident que l'Ordonnance n'a été faite que pour conduire plus ſûrement les Juges à la découverte de la vérité ; & ils ne peuvent donc s'écarter de la route qui leur eſt marquée , ſans s'éloigner en même tems de la lumiere.
** Par Arrêt du 19. Février 1742.
*** V. la page 12. de la Conſultation du 2. Juin 1741.

Mais ſi, d'une part, il eſt hors d'exemple que ſans preuves, ni apparence de preuves, que ſans corps, ni ombre de délit, un Parlement entier ait proſcrit l'un de ſes Membres ; de l'autre, eſt-il moins inouï que le CONSEIL ait ſolemnellement réformé l'Arrêt d'un Parlement, rendu LES CHAMBRES ASSEMBLE'ES ? *

Cependant le Roi par l'Arrêt de ſon Conſeil du 9. Mars (1744.) *ſans s'arrêter à l'Arrêt du Parlement d'Aix du 18. Mars 1740. l'a caſſé & annullé, déclare nulle l'audition d'Office de Sébaſtien Arnaud du 4. Décembre 1739. enſemble les recollemens & confrontations de Joſeph Mathieu & Joſeph Robert ; ce faiſant a évoqué & évoque à ſoi, & à ſon Conſeil, le Procès, ſur lequel ledit Arrêt eſt intervenu ; & l'a renvoyé & renvoye avec ſes circonſtances & dépendances au Parlement de Toulouſe, pour y être à la Requête de ſon Procureur Général audit Parlement procédé de nouveau, &c.*

Quoique le devoir & la religion des Juges les oblige ; *ſelon Bornier ſur l'Art. 8. du Tit. 14. de l'Ord. de 1670.* à examiner avant le jugement, s'il n'y a point de nullité dans la procédure, c'eſt ce que le Parlement d'Aix a conſtamment négligé à mon égard ; mais comme il ne s'agit plus aujourd'hui de diſcuter les différens vices, dont celle qui a été tenuë contre moi, eſt infeƈtée, je vais me réduire à combattre les mêmes Objeƈtions, qui ont été néanmoins ſi ſouvent réfutées.

---

* Quoique l'Arrêt du Parlement d'Aix ait été rendu *les Chambres aſſemblées*, je ne prétends pas pour cela le regarder comme l'Arrêt de tous les Particuliers qui compoſent cette Compagnie, dont pluſieurs Membres illuſtres, ou ne furent pas préſens au Jugement, ou furent d'un avis contraire à l'Arrêt.

I. OBJECTION.

» La date du Billet de Lefbros eft vifiblement altérée;
» M. de Séguiran, après avoir trouvé ce Billet parmi les pa-
» piers du Sieur d'Antoine, écrivit à Lefbros fur ce fujet, &
» lui envoya des copies du Billet fous la date de 1711. Lef-
» bros dans fa lettre du 22. Mars 1738. foutint avoir payé
» le Billet par des remifes en Marchandifes envoyées d'Ef-
» pagne au feu Sieur d'Antoine en 1712. & le Billet original
» fut communiqué dans la fuite à Lefbros fous la date de
» 1713.

» D'où il réfulte que le changement de date a été fait après
» l'envoi des copies du Billet fous la date de 1711. & que
» M. de Séguiran a fait ce changement pour éluder le paye-
» ment, que Lefbros affuroit avoir fait en 1712.

RÉPONSE.

Il eft vrai que la date du Billet eft vifiblement altérée. Il
eft vrai que j'avois le Billet entre mes mains, lorfque dans
mes lettres j'en faifois mention à Lefbros, & lui en envoyois
des copies fous la date de 1711. & il eft vrai que l'original
lui fut communiqué dans la fuite fous la date de 1713.

Mais eft-il vrai pour cela que le changement ait été fait
après l'envoi des copies du billet fous la date de 1711 ? Et
parce que Lefbros, dans fa lettre du 22. Mars, foutient
avoir payé le billet en 1712. s'enfuit-il que j'aye été l'auteur
du changement de 1711 en 1713 ?

Je dis, au contraire, que l'altération de date étoit faite,

avant

avant que le Billet fût en mon pouvoir ; & ma propofition ne fouffrira point de difficulté, dès que j'aurai fait voir que l'altération dont il s'agit, ne peut m'être imputée.

1°. Parce qu'il n'y a contre moi nulle preuve au Procès.

2°. Parce que les préfomptions que l'on m'oppofe, ne font rien moins que concluantes.

3°. Parce que malgré la lettre du 22. Mars, où Lefbros affure avoir payé le Billet en 1712. nul motif, nul interêt n'a pû m'engager à faire le changement de 1711 en 1713.

Nulle preuve au Procès contre moi.

Tout le monde fçait que les Experts en matiére de faux font les vrais Juges en état de prononcer ; & puifqu'après avoir examiné l'altération de date fur diverfes piéces de compa-raifon, les Experts n'y ont point reconnu ma main ; puifque dans l'Inftruction les autres Témoins n'ont rien dit, qui me charge le moins du monde, il eft conftant qu'il *n'y a nulle preuve au procès contre moi.* Car je ne penfe pas qu'on veuille mettre au rang des preuves, ni les vaines imputations de mes Adverfaires, ni la dépofition de Lefbros, qui a été rejet-tée dans le Jugement rendu fur les reproches. Si, en effet, il fuffifoit d'accufer, qui feroit en fûreté contre la calomnie ?

Les préfomptions que l'on m'oppofe, ne font rien moins que concluantes.

La préfomption la plus forte eft fans doute fondée fur mes lettres à Lefbros, & fur l'envoy des copies du Billet fous la date de 1711.

B

Mais eſt-il impoſſible de ſe tromper en tranſcrivant des chiffres ? Et une pareille erreur eſt-elle ſans exemple ?

J'obſerverai qu'en écrivant à Leſbros j'étois occupé de pluſieurs piéces en date de 1711. je ſçavois d'ailleurs que Leſbros s'étoit marié en 1711. & que, peu de tems après, il étoit parti pour l'Eſpagne ; enſorte que la véritable date du Billet ne pouvoit qu'être de 1711. * & je demande ſi, ſans être préſumé coupable de falſification, je n'ai pû tranſcrire pluſieurs fois une date, telle que je la croyois, & telle qu'elle devoit être originairement. Il faudroit ignorer les effets les plus ordinaires d'une extrême préoccupation, pour n'être pas forcé de convenir qu'en certains cas une premiere erreur en entraine ſouvent une ſeconde, une troiſiéme, &c.

J'ai donc pû me tromper pluſieurs fois en tranſcrivant la même date ; & j'aurai fait quelque choſe de plus ſingulier encore, du moins s'il en faut croire Leſbros, ** lequel a prétendu avoir trouvé dans ma lettre du 23. Mars deux copies du même Billet ſous la date de 1711. d'où je tire cet avantage qu'il falloit donc que je fuſſe bien indigné contre Leſbros, & bien agité dans ce moment-là, pour lui avoir envoyé à la fois deux copies du Billet, croyant n'en envoyer qu'une ; c'eſt-à-dire, pour avoir fait une étourderie mille fois plus difficile à concevoir, que la mépriſe reïterée, dont je me reconnois très-capable.

* Il eſt démontré par le Billet même, que la date ne pouvoit être antérieure à 1711.

** V. *l'Inſtruction juſtificative pour Alexandre Leſbros*, page 3. Cet écrit, qui n'a point été communiqué, n'eſt qu'un miſérable libelle, rempli d'imputations fauſſes, & de ſophiſmes groſſiers ; & où l'impudence & la mauvaiſe foi tiennent la place du goût & du ſtile.

Il eſt certain que malgré la lettre du 22. Mars, où Leſ-
bros aſſure avoir payé le Billet en 1712. nul motif, nul
intérêt n'a pû m'engager à faire l'altération de date, qui
m'eſt imputée.

Je fis réponſe à Leſbros le 23. Mars ; qui étoit le jour
même de la réception de ſa lettre écrite le 22. & je dé-
montrai que la remiſe en Marchandiſes envoyées d'Eſpagne au Sieur d'Antoine, n'avoit pû ſervir, comme il le
prétendoit, au payement du Billet de 4500 liv. d'autant que
ces Marchandiſes appartenoient à Gaſpard Leſbros ſon fre-
re , * lequel reconnoît dans ſon déſiſtement du 20. Sep-
tembre 1712. les avoir *toutes* retirées d'entre les mains du
Sieur d'Antoine ; la copie de ce déſiſtement étoit jointe à ma
lettre du 23. Mars ; & il eſt à remarquer que dans cette
même lettre je reviens pluſieurs fois ſur la date de 1711. &
je la regardois par conſéquent toujours comme la véritable
date du Billet.

Ce n'eſt donc pas le 23. Mars qu'on pourra dire que
j'ai fait le changement de 1711 en 1713. & ce n'eſt pas
dans la ſuite, puiſque Leſbros n'a rien avancé depuis, qui
n'ait marqué de plus en plus ſon impuiſſance à juſtifier le
payement du Billet en 1712. enſorte que ſi on veut encore
après cela m'accuſer de cette altération , il faudra qu'on
ſuppoſe deux choſes également abſurdes ; l'une, que j'ai pû
oublier que toutes mes lettres étoient pleines de la date de
1711. & l'autre, que ſans motif, ſans intérêt , & même
contre mon interêt, j'ai été capable de me jetter de gayeté

* Alexandre Leſbros n'étoit alors que le Commis de Gaſpard Leſbros.

de cœur dans le cas, où je ne me trouve aujourd'hui que par le malheur que j'ai eu de me préoccuper.

Or, qu'une ame basse, qu'un cœur sordide, qu'un Lesbros, enfin, ait voulu se prévaloir de mon erreur, pour s'en faire un titre contre une créance légitime, cela est dans l'ordre des choses ; mais que des *Censeurs publics* se soient servis du ministere d'un tel homme, pour en faire l'instrument de la perte d'un Collégue, c'est ce qui n'est arrivé qu'une fois jusqu'à ce jour, & ce qui n'arrivera sans doute jamais.

Cependant, comme il ne suffit pas à un Magistrat accusé de ne pouvoir être convaincu *dans les régles*, j'ai eu soin de présenter à mes Commissaires diverses piéces remplies de chiffres, tant de la main du Sieur d'Antoine, que de celle de Lesbros, parmi lesquelles est le double d'un compte de 1716. arrêté entre le beau-pere & le gendre ; & où se trouvent plusieurs chiffres altérez & réformez de leur façon ; circonstance, dont Lesbros a été forcé de convenir, lorsque ce compte lui a été représenté à la confrontation.

J'aurai du moins prouvé jusques-là que d'Antoine & Lesbros étoient dans l'usage de changer & de réformer les chiffres des dates ou des sommes, selon le besoin qu'ils en avoient ; & puisqu'il est certain que Lesbros fut hors d'état de remplir son engagement à l'échéance du Billet, l'induction la plus naturelle sera que d'Antoine a prorogé en faveur de son gendre le terme du payement en 1713.

Mais mon dessein étoit de faire voir encore que l'altération de la date du Billet, & l'altération des chiffres du compte, étoient sorties de la même main ; ensorte que pour y parvenir, je n'ai cessé de requerir que les deux chiffres 3.

de la date & de l'échéance du Billet, fuſſent comparez avec les chiffres du compte de 1716. & des autres piéces jointes au Procès ; cependant ce moyen ſi ſimple eſt demeuré ſans effet, ainſi que pluſieurs Requêtes, dont je fus débouté le 4. Décembre 1739. c'eſt-à-dire, le jour même qu'on affecta d'avoir égard à une Requête de mes Accuſateurs, pour *faire entendre Arnaud d'Office* , contre la diſpoſition expreſſe de l'Ordonnance.

Il eſt donc vrai que lorſqu'à tant de préſomptions plus fortes les unes que les autres, j'ai prétendu ajouter des preuves littérales & déciſives en ma faveur, le crédit de mes Accuſateurs y a mis un obſtacle invincible.

II. OBJECTION.

» Leſbros dépoſe que M. de Séguiran étoit dans l'habi-
» tude de faire des altérations pareilles ; & pour le prou-
» ver, il cite un Billet des freres Mathieu & Mouren de
» la ſomme de 875 liv. que ces Négocians devoient à la
» ſucceſſion du Sieur d'Antoine ; on remarque une altéra-
» tion dans le chiffre 8. de la date du Billet (1708.) &
» il eſt évident que l'altération doit être miſe ſur le com-
» pte de M. de Séguiran, puiſqu'il a mieux aimé quitter
» cette dette pour 300. liv. que de plaider avec Mathieu
» & Mouren.

RÉPONSE.

On pourroit dire que la date du Billet de Mathieu & Mouren n'eſt point altérée, puiſque les Experts n'y ont recon-nu qu'une ſimple ſurcharge d'encre ; mais ſoit altération , foit furcharge d'encre, cela eft toujours très-indifférent pour moi. Il y avoit près de deux ans que le Billet étoit rendu aux débiteurs, lorfqu'il s'eft agi pour la premiere fois de cette prétenduë altération ; & fi de l'accommodement que j'ai fait de la dette de 875 liv. pour la fomme de 300 liv. on en veut tirer quelque induction contre moi, il faudra qu'on dife encore par quel motif j'ai accommodé tant d'autres Billets de la même fucceffion, & qu'on ofe me faire un crime des raifons particulieres, que j'ai eues de terminer à l'amiable plufieurs affaires, que la feule négligence du Sieur d'Antoine avoit pû rendre, fi non équivoques, du moins litigieufes.

Mais qu'eft-ce que Mathieu & Mouren déclarent dans leurs dépofitions? Tout y eft étranger à l'accufation principale ; ils prétendent feulement avoir mieux aimé payer 300 liv. à ma femme, que d'entrer en procès avec elle, quoique la date du Billet leur parût altérée ; & cependant, ni eux, ni les Experts, ne dépofent que l'altération foit mon ouvrage.

Quel eft donc ce nouveau genre d'accufation? Et quel eft ce fecond prétendu corps de délit? Quoi ! parce que j'aurai quitté à d'anciens & mauvais débiteurs un Billet de 875 l. pour 300 liv. & parce que longtems après m'avoir payé cette derniere fomme, comme *il leur avoit paru jufte & à leur Confeil de le faire* *, ils auront repréfenté ce même Billet, en difant que la date en eft altérée, il s'enfuivra que je fuis l'auteur de l'altération ! Cette conféquence n'eft-elle pas admirable ? Telle eft néanmoins la dialectique ordinaire de mes Collégues ; & telle étoit fur-tout la néceffité, où ils fe trouvoient d'appeller une nouvelle calomnie au fecours de la premiere.

* V. la lettre de Mouren du premier Janvier 1738. cottée A. A. dont l'Original eft joint à la procédure.

Il étoit difficile de ne pas prévoir que la dépofition de Lef-bros feroit rejettée ; il étoit mon dénonciateur, il étoit beau-frere & débiteur de ma femme ; & il dépofoit contre moi dans fa propre caufe. Cependant pourquoi mes Collégues l'ont-ils adminiftré ? C'eft qu'il étoit devenu pour eux un té-moin néceffaire ; c'eft qu'il étoit impoffible d'en trouver un autre, qui fût comme lui felon leur cœur ; & où trouver en-core un auffi méchant homme que Lefbros ?

Mais pourquoi les dépofitions de Mathieu & Mouren , témoins eux-mêmes très-reprochables, pourquoi , dis - je, leurs dépofitions, qui procédoient de celle de Lefbros, n'ont-elles pas été rejettées de même ? c'eft qu'il falloit, ou les conferver, ou fe réfoudre à voir difparoître jufqu'au plus leger prétexte de me trouver coupable. * Or , quel eft le cas qu'on doit faire d'une accufation criminelle , lorfqu'elle eft particulierement fondée fur des témoignages , qui ne méritent aucun égard.

Si l'on m'avoit fait lecture de la plainte renduë contre moi **, que n'aurois-je point à répondre fur d'autres faits calomnieux, que j'ai lieu de croire qu'elle contient , & fur lefquels il eft vrai qu'on s'eft prudemment abftenu de m'in-terroger ? Cependant la connoiffance de cette plainte, quoi-qu'après l'interrogatoire achevé , m'a été refufée contre toutes les Loix de l'*équité naturelle*, & contre l'ufage même du Par-lement d'Aix *** ; de peur fans doute qu'il ne me fût trop

---

* Je n'examine point *l'audition d'Office* de Sébaftien Arnaud , parce qu'elle a été *caffée &* *annullée* par l'Arrêt du Confeil. Je dirai feulement que fa dépofition n'étoit qu'une répétition de celle de Mathieu , & ne confiftoit qu'en un fimple *oui-dire*.

** Le 3. Octob. 1739.

*** Voir la Confultation cy-après fignée *Prévot & Soyer* , dans laquelle font rapportés deux exemples, qui prouvent que ce même ufage eft encore fuivi au Parlement de Paris, tant à l'é-gard de l'Accufé qu'à l'égard de l'Accufateur.

aifé de convaincre mes Collégues de fuppofitions fauſſes & abfurdes.

Si la communication de mes Lettres m'avoit été donnée, on n'eût fait en cela que fuivre l'efprit de l'Ordonnance, qui, en accordant le confeil aux Accufez dans les cas de malver-fation, & nommément dans *les matiéres de faux*, leur accorde par conféquent la communication des piéces, qui fervent à conviction. *Ord. de* 1670. *tit.* 14. *art.* 8. *&* 10. mais ce n'étoit pas le compte de mes Adverfaires, qui craignoient avec raifon que je n'en tiraffe avantage pour ma défenfe.

Tout le fyftême de mes Accufateurs ne roule donc que fur le changement d'une date, & fur la fuppofition d'un pré-tendu payement fait en 1712. mais fi le payement n'a point été fait en 1712. qui ne voit que le changement de date n'eft plus qu'une altération indifférente par elle-même ? Et fi ce n'eft qu'une altération indifférente par elle-même, où fera le faux, & que faudra-t-il penfer de l'accufation en cri-me de faux ? Or, il eft certain que Lefbros n'a point payé fon Billet en 1712.

1°. Parce que le payement n'en eft conftaté, ni par un acquit du Sieur d'Antoine, ni par aucun compte arrêté.

2°. Parce que Lefbros étant le maître *aux Requêtes du Palais* de choifir telle date qu'il voudroit de 1711 ou de 1713. il n'eut que la reffource de s'infcrire en faux contre la date du Billet ; & que fi le payement avoit été fait en 1712. fon Procès étoit gagné.

3°. Parce qu'il a été convaincu de menfonge & de va-riation, toutes les fois qu'il a été forcé de répondre fur ce fujet.

Ce n'eft cependant que fur la chimére de ce payement

que

que le Parlement d'Aix a prononcé ma condamnation * ; d'où il faut conclure qu'il n'y eut jamais d'accufation entreprife fi légérement, ni qui ait produit un fi grand éclat ; d'un côté, nulle preuve, nul corps de délit ; & de l'autre, un Arrêt, qui m'a déclaré *atteint & convaincu* des cas & crimes de falfification, altérations de date, & *furcharges d'encre.* ** Et l'humiliation a été telle, que ni l'intégrité de ma vie, ni le décri de celle de Lefbros, oppofez l'un à l'autre, n'ont pû former dans l'efprit de mes propres Confreres aucun préjugé en ma faveur.

Mais s'il a plû à mes Collégues de me traveftir tout à coup en criminel, comment fe flatteront-ils de perfuader qu'ils n'ont agi dans mon procès, que comme auroit agi la *partie publique* ? Eux, qui femblent n'avoir confervé à mon égard le titre refpectable de Gens du Roy, que lorfqu'il a été queftion de s'affranchir des Loix établies pour le commun des Accufateurs ; eux, qui fe font déclarez mes ennemis jufqu'à fe rendre complices des calomnies de Lefbros, jufqu'à fouiller dans ma vie paffée, jufqu'à foulever mes créanciers ; eux, qui par des imputations auffi denuées de vraifemblance que de preuves, n'ont pas craint d'en impofer dans leurs lettres au Chef de la Juftice, & à celui du Parlement d'Aix. Eux, enfin, qui ont répandu, & qui répandent peut - être encore ces mêmes imputations dans le public. Heureufement pour moi toute leur conduite eft maintenant à découvert ; & perfonne n'ignore qu'ils font d'autant plus animez à pourfuivre ma perte, que leur vanité,

* Je pourrois, fi je le voulois, nommer quelques uns de mes Juges, qui preffés de répondre fur le motif qui les avoit déterminés contre moi, ont toujours dit que c'étoit le payement du Billet en 1712. & que fans cela il n'y avoit pas lieu de me condamner Quels Juges, ô Ciel !

** *La furcharge d'encre* eft une forte de crime inconnuë jufqu'à préfent.

que leur réputation même s'y trouve engagée. Heureuse-
ment pour moi tout semble aujourd'hui s'élever en faveur
de ma cause.

Acculé par mes Collégues, condamné par mes confreres,
forcé de chercher un azyle aux pieds du Trône, & cependant privé des secours les plus communs, je n'ai été connu
dans la Capitale que par mes infortunes ; & quelle main
invisible m'auroit donc soutenu contre les efforts d'Adver-
saires puissans & accrédités, si la justice & la vérité ne m'a-
voient accompagné par tout ?

C'est donc à l'évidence de mes raisons, c'est à la sincé-
rité de mes défenses, c'est à l'oppression même que j'ai
soufferte, que je suis redevable de la révision de mon procès devant un Tribunal, où j'ai le bonheur de croire qu'il me
sera permis de porter les preuves de mon innocence jusqu'à une démonstration complette, pour y être jugé selon
l'équité & selon les Loix.

Muni de l'Arrêt du Conseil, qui m'a si clairement
protégé, qu'aurois-je desormais à craindre du pouvoir de
mes Accusateurs ? Ma confiance est d'autant plus juste à cet
égard, qu'elle est appuyée sur les lumieres & sur l'intégrité
de mes nouveaux Juges ; que de leur seule humanité doivent
naître une infinité de ressources, qui m'ont été enlevées par
mes propres Confreres; & qu'enfin, sous un ciel différent
ma cause mieux examinée, que dans ma patrie même, de-
viendra, pour ainsi dire, la cause de tous les gens de bien.

Signé, SE'GUIRAN, Avocat Général.

CONSULTATIONS.

L E Conseil soussigné, qui avoit prévû l'iſſuë de cet Arrêt rendu contre Monſieur de Séguiran, eſtime qu'ayant le bonheur d'être renvoyé à un Parlement, dont les lumieres & la ſageſſe lui ſont connues, il doit s'y préſenter avec la confiance que conſerve toujours l'innocence dans les plus rudes épreuves.

Si ſon analyſe des informations eſt exacte, comme il **y** a tout lieu de le croire, tout lui préſage un heureux évenement. Il n'y a de charges que par les dépoſitions des Sieurs Mathieu, Monren & Arnaud; & il peut eſperer que le Parlement de Toulouſe ne les regardera pas comme des charges, parce que ces Témoins ne parlent que d'un Billet qui étoit hors de ſes mains deux ans avant qu'il fût queſtion de l'altération, qui lui eſt imputée.

A l'égard des deux altérations des chiffres des dates du premier billet, non ſeulement il n'y a nulle charge au procès, mais on peut dire auſſi de celui-là qu'il n'y a point de corps de délit.

C'eſt conſtamment un titre légitime de créance malgré l'altération des chiffres des dates. C'eſt en vain que le Sieur Leſbros a allégué un payement fait en 1712. on ne détruit un pareil titre que par une preuve littérale auſſi forte. Enfin la plainte rendue par Meſſieurs les Gens du Roy au ſujet de ce Billet étoit non recevable, parce que Madame de Séguiran, qui en étoit Propriétaire, ayant auparavant laiſſé au

C ij

débiteur le choix de la date qu'il y voudroit donner, le corps du délit étoit évanoui.

Ainsi l'on ne voit rien dans ce procès que deux accusations de faux sans preuves, & de plus sans corps de délit, qui par conséquent n'étoient capables que d'attirer dès leur principe l'indignation de la Justice contre les Accusateurs.

Un Accusé, contre qui le Parlement de Toulouse ne trouvera au procès ni preuves, ni corps de délit, peut assurément se flatter d'obtenir un Arrêt qui le décharge pleinement.

Il y a même lieu de présumer que M. de Séguiran obtiendra au Parlement de Toulouse des réparations proportionnées à ce qu'il a souffert dans son honneur & dans ses biens.

Les piéces qu'il remit à Aix à Messieurs les Commissaires formeront en sa faveur une preuve surabondante, qui bannira jusqu'aux plus legers soupçons.

Il étoit déja contre toute vraisemblance qu'il fût l'auteur des changemens des dates du Billet du Sieur Lesbros; c'eût été un crime gratuit. Ce changement ne subsistoit même plus, depuis que Madame de Séguiran Propriétaire du Billet avoit offert au débiteur de le réputer de la date qu'il vouloit. Mais outre qu'il n'y a point de preuve, ni de corps de délit, s'il y a la moindre apparence que ce fussent les Sieurs Lesbros & d'Antoine, qui eussent eux-mêmes de concert fait ces changemens, l'innocence de l'Accusé est dans tout son jour.

Ainsi Monsieur de Séguiran ne fera pas mal de requerir de nouveau à Toulouse que le compte de 1716. & autres piéces soient par surabondance & pour plus ample justification remis à des Experts avec le Billet en queſtion, pour qu'ils dépoſent s'il y a de la reſſemblance entre les ſurchar-ges du Billet & celles de ces piéces.

Mais le plus important eſt de faire joindre le procès de Madame de Séguiran à l'inſtance de faux principal, par l'Arrêt où elle ſera reçûe au Parlement de Touloufe, pour être continuée ſuivant les derniers erremens, & jugée à l'extraordinaire. Deux motifs déterminent à cet avis.

1°. C'eſt ſans doute l'intention du Roy que le tout ſoit vû & jugé en même tems, puiſque S. M. non contente d'avoir exprimé dans l'Arrêt qu'Elle renvoyoit toutes les circonſtan-ces & dépendances avec l'inſtance de faux principal, a nom-mément marqué par cet Arrêt que le procès de Madame de Séguiran étoit compris ſous ce terme de circonſtances & dépendances.

2°. La matiere du procès de Madame de Séguiran au ci-vil comme au criminel eſt abſolument connexe avec l'Inſ-tance de faux principal ; elles ſont indiviſibles. Le tout abou-tit à une ſeule & même queſtion, qui eſt de ſçavoir ſi le Billet de Leſbros eſt dû ; ou bien ſi l'option qui lui a été laiſſée de le réputer de 1711 ou de 1713. ne formoit pas une fin de non recevoir contre ſon inſcription de faux, & ſur-tout contre la plainte en faux principal, qui par cette conſidération auroit dû être rejettée dans ſon principe com-me téméraire. Délibéré à Paris, le vingt Juillet mil ſept cent quarante-quatre.

DENYAU.   GUILLET DE BLARU.

POTHOÜIN.

BESNARD.

LE Conseil soussigné qui a vû le Mémoire de M. de Séguiran Avocat Général au Parlement de Provence, & la consultation qui est à la suite de ce Mémoire en datte du 20. Juillet 1744. est d'avis qu'y ayant un Arrêt du Conseil qui a cassé l'Arrêt rendu au Parlement de Provence le 18. Mars 1740. contre M. de Séguiran, & même une audition d'office, & des recollemens & confrontations sur lesquels cet Arrêt cassé a été rendu ; l'Arrêt du Conseil renvoyant aussi au Parlement de Toulouse le Procès, avec ses circonstances & dépendances, il se trouve dans cet Arrêt du Conseil un préjugé considérable pour l'innocence d'un Accusé, dont la qualité est si respectable, & la personne si digne d'attention. Pour parvenir maintenant à une instruction convenable & complette, il faut s'y prendre de maniere qu'on ne procéde pas au jugement, sans que tout ce qui est entré, ou entrera dans le Procès, ait été communiqué à l'Accusé ; on ne peut juger sur aucunes piéces qu'elles n'ayent été communiquées à l'Accusé, soit par des interrogatoires, soit par des confrontations, soit même par Procès-verbaux faits à cet effet, surtout en matieres de faux, comme *l'article* 8. *& l'article* 10. *du titre* 14. *de l'Ordonnance de* 1670. le font assez connoître. Le Parlement même de Paris, dans le Procès d'appel d'une Sentence du Lieutenant Civil du Châtelet, sur la Banqueroute du nommé Lanoue, jugé par Arrêt du 3. Avril 1705. prit la précaution de faire communiquer à l'Accusé par Procès-verbal du 27 Mars 1705. fait par le Rapporteur des piéces, dont l'Accusé disoit, quoiqu'on soutînt le contraire, n'avoir pas eu communication. Et nouvellement dans l'affaire du nommé Colomb , actuellement pendante au Parlement de Paris , s'étant trouvé des piéces venantes de deſſous les ſcellés appoſez chez l'Accuſé , qui n'avoient pas été communiquées à l'Accuſateur, le Parlement a rendu Arrêt, qui avant faire droit ſur l'appel , a ordonné la communication de ces piéces à l'Accuſateur. Au reſte , dans l'affaire propoſée y ayant une Inſtance civile , qui roule ſur les piéces accuſées de faux, cette Inſtance civile eſt inſéparable de l'affaire criminelle. C'eſt un proverbe de Juriſprudence que le Criminel attire le Civil. Il eſt naturel que pour juger la validité ou l'invalidité des piéces, on ait toutes les parties qui y ont intérêt. On ne peut juger des piéces nulles & fauſſes ſans ceux qui s'en ſervent ; & il faut que le Tribunal, qui peut condamner , puiſſe auſſi abſoudre. Cela a dans l'affaire préſente une application particuliere, y ayant une Inſtance civile , & une déclaration dans cette Inſtance, par laquelle la partie intéreſſée conſent qu'on ſuppoſe telle datte qu'on voudra à la piéce qui fonde ſon action , & qui eſt l'objet de la procédure criminelle ; car une telle déclaration emporte le prétendu faux , & ſon effet eſt inſéparable de la procédure criminelle.

Dans le fond , par rapport au faux, il faudroit pour établir un crime qu'il y eût preuve du faux commis réellement & avec deſſein, ou de l'uſage qu'on a entrepris de faire du faux connu pour tel.

Tout ce qui peut aller à la juſtification de l'Accuſé , ou à la preuve de la calomnie de l'accuſation, eſt de l'eſſence du Procès criminel. Les Juges , quand ils en découvrent la connoiſſance, doivent, même d'office , en ordonner la preuve. Les faits juſtificatifs ſont même admiſſibles contre la preuve réfultante des informations communiquées à l'Accufé dans les confrontations. C'eft ce qui fait connoître que les termes de *circonftances & dépendances* employez dans le renvoi porté par l'Arrêt du Confeil, emportent la connoiffance de tout ce qui va à la juftification de l'Accufé; & quand ces termes n'y feroient pas employez, les Juges ne peuvent méconnoître que de droit, l'accufation leur étant renvoyée, tout ce qui lui eft connexe leur eft renvoyé, & qu'ils doivent interpofer leur miniftere pour en ordonner la preuve, en manifefter les convictions, & en rechercher les piéces. Délibéré à Paris ce 8. Août 1744.

PREVOST.

SOYER.

www.ingramcontent.com/pod-product-compliance
Lightning Source LLC
LaVergne TN
LVHW012123170726
843501LV00008BC/2981